सब ने कुछ दिया

सब ने कुछ दिया

विश्वनाथप्रसाद तिवारी

वाणी प्रकाशन

वाणी प्रकाशन

4695, 21-ए, दरियागंज, नयी दिल्ली 110 002

फ़ोन : +91 11 23273167 फ़ैक्स : +91 11 23275710

शाखाएँ

अशोक राजपथ, पटना 800 004, बिहार

कॉफ़ी हाउस कैम्पस, महात्मा गांधी मार्ग, इलाहाबाद 211 001, उत्तर प्रदेश

महात्मा गांधी अन्तरराष्ट्रीय हिन्दी विश्वविद्यालय, वर्धा 442 001, महाराष्ट्र

सुल्तानिया रोड, मोतिया पार्क, भोपाल 462 001, मध्य प्रदेश

www.vaniprakashan.in
marketing@vaniprakashan.in
sales@vaniprakashan.in

SAB NE KUCHH DIYA
by Vishwanathprasad Tiwari

ISBN : 978-93-89563-07-8
Poetry Collection

प्रथम संस्करण 2019

सिटी प्रेस, दिल्ली-110 095 में मुद्रित

वाणी प्रकाशन का लोगो मक़बूल फ़िदा हुसेन की कूची से

अनुक्रम

सूटकेस : न्यूयॉर्क से घर तक

"इस अनजान देश में
अकेले छोड़ रहे मुझे"
मेरे सूटकेस ने बेबस निगाहों से देखा
जैसे परकटा पक्षी
देखता हो गरुड़ को

उसकी भरी आँखों में क्या था
एक अपाहिज परिजन की कराह
या किसी डूबते दोस्त की पुकार
कि उठा लिया उसे
जिसकी मुलायम पसलियाँ टूट गयी थीं
हवाई यात्रा के मालामाल बक्सों बीच

कमरे से नीचे लाया
जमा कर दिया उसे होटल के लॉकरूम में
इस बुरी नीयत के साथ
कि छोड़ दूँगा यहीं
यह अर्थहीन अस्थिपंजर

मगर चलते वक़्त हवाई अड्डे
फिर उठा लिया उसे
दो डॉलर चुकाकर

जैसे कक्षा दो के अपने पुराने सहपाठी को
जिसकी क़ीमत अब दो कौड़ी भी नहीं रह गयी थी

फिर नीयत खोट हुई
हवाई अड्डे पर उसे छोड़ देने की
मगर उसकी डबडबाई आकुल आँखें
उस पिता जैसी लगीं
जो नब्बे पार की उम्र में
अकेले पड़े हों गाँव में

मुझे लगा
अभी ख़तरे के साइरन बजेंगे
घेर लेंगे इसे सैनिक और जासूस
रेशा–रेशा उधेड़ देंगे इसका
जो एक कलाकृति था अपनी जवानी में

उतरा जब दिल्ली हवाई अड्डे
उसकी पीठ और पेट
चिपक गये थे एक में
बदलू मुसहर की तरह
जो भूख से मरा या मलेरिया से
इस पर बरसों बहस चली थी
मीडिया और संसद में

दिल्ली में उससे छुड़ा लेना चाहता था पिण्ड
जो चार बार विदेश यात्राओं में सहयात्री रहा
मगर आख़िर वह आ ही गया मेरे साथ गोरखपुर
उस गाय की तरह
जो गाहक के हाथ से पगहा झटककर
लौट आयी हो अपने पुराने खूँटे पर

और अब, वह मेरे पुराने सामानों बीच
विजयी–सा मुस्करा रहा
चुनौती देता और पूछता मुझसे
"क्या आगे बढ़ने के लिए ज़रूरी है
उन्हें पीछे छोड़ देना
जिनके पास भाषा नहीं है?"

जगह

खड़े–खड़े मेरे पाँव दुखने लगे थे
थोड़ी–सी जगह चाहता था बैठने के लिए

कलि को मिल गया था
राजा परीक्षित का मुकुट
मैं बिलबिलाता रहा कोने–अँतरे

जगह, हाय जगह
सभी बेदख़ल थे अपनी–अपनी जगह से
रेल में मुसाफ़िरों के लिए
गुरुकुलों में वटुकों के लिए
शहर में पशुओं
आकाश में पक्षियों
सागर में जलचरों
पृथ्वी पर वनस्पतियों के लिए
नहीं थी जगह

सूई की नोक भर जगह के लिए
हुआ था महासमर
हासिल हुआ महाप्रस्थान
नहीं थी कोई भी चीज़ अपनी जगह
जूतों पर जड़े थे हीरे
गले में माला नोटों की

पुष्पहार में तक्षक,
संसद में दुर्गन्ध

न धर्म में करुणा
न मज़हब में ईमान
न जंगल में आदिवासी
न आदमी में इन्सान
राजनीति में नीति
और नीति में प्रेम
और प्रेम में स्वाधीनता के लिए
नहीं थी जगह

नारद के पीछे दौड़ा
विपुल ब्रह्माण्ड में

जहाँ–जहाँ सुवर्ण था
वहाँ–वहाँ कलि
और जहाँ–जहाँ कलि
वहाँ–वहाँ
नहीं थी जगह।

दाना माँझी*

दाना की नहीं
दैन्य की कथा यह

भ्रम नहीं था दाना को
न किसी से आशा
न किसी पर ग़ुस्सा

भाव था, लगाव था
पराजय थी, ख़ामोशी थी

लपेटने लगा दाना
जब अमंग की मृत काया, चटाई में
लजा गयी पृथ्वी
अपने धीरज पर

झुका दाना जिस पल
अमंग के बेजान शरीर को उठाने

* कालाहाँडी (उड़ीसा) के मेलघरा गाँव का निवासी दाना माँझी अपनी पत्नी अमंग के टी.बी. के इलाज के लिए 60 किलोमीटर दूर भवानी पटना के सरकारी अस्पताल पहुँचा। 24 अगस्त 2016 को अमंग की मृत्यु हो गयी। पैसे नहीं थे दाना के पास, अतः एम्बुलेंस नहीं मिली। उसने चादर और चटाई में अमंग के मृत शरीर को लपेटा और कन्धे पर उठाकर चल पड़ा गाँव की ओर। पीछे उसकी 12 वर्ष की बेटी थी। 12 किलोमीटर पैदल चलने के बाद किसी दयावान ने स्थानीय अधिकारियों को फ़ोन करके उसके लिए एम्बुलेंस का प्रबन्ध किया।

झुकती–सी लगी सामने की दीवार
गिलहरियाँ चौंककर देखने लगीं
गौरैयों ने चहचहाना बन्द कर दिया

दारुण दृश्य था यह
दरवाज़ों, खिड़कियों
मेज़ों, कुर्सियों
गमलों के लिए

अवाक् थे तीमारदार
आधुनिक और परम्परावादी

पिता के कन्धे पर माँ
चटाई में लिपटी, निर्जीव
देख रही बेटी
उदास, निराश, हताश
अपनी नियति

मरा नहीं था अतीत
वर्तमान था दाना के कन्धे पर
और पैरों में भविष्य
आहत सर्प–सा रेंगता हुआ

बोझ तो था
मगर कन्धे कृतज्ञ थे स्मृतियों में

कितनी दूर है गाँव मेलघरा
क्या दाना के प्यार से, संकल्प से भी दूर?

आकाश मार्ग से जाती हुई
पार्वती ने शिव से कहा

नाथ, ऐसे ही तो भटके होंगे आप
कन्धे पर लेकर मेरा शव, त्रिलोक में

सिसकते बोलीं पर्वतपुत्री
तीसरे नेत्र से देखिए, देव
भाद्रपद के घने बादल छाये हैं नीचे

दुख बहुत है मृत्युलोक में।

प्रकट होना नदी का मानुष रूप में

खड़ी थी सामने वाङ्गुई*
मानुष रूप में
लहराते केश
श्वेत भीगे वस्त्र
एक हाथ गोद में सँभाले अमृत घट
दूसरा उठा अभय मुद्रा में
आभामय मुख मण्डल
करुणामय नेत्र

सुनते आ रहे पुरखों से सभी
माँ वाङ्गुई की कथाएँ
मगर देखा नहीं किसी ने माँ को
कहाँ छिप गयी
अपनी सन्तानों को छोड़
किसके शाप से
किनके पाप से रुष्ट होकर

---

* 15 मार्च 2017 को न्यूजीलैंड की संसद ने एक ऐतिहासिक निर्णय लेते हुए वाङ्गुई नदी को मनुष्य के समान क़ानूनी अधिकार देने का बिल पास किया। इस क़ानून के अनुसार यदि कोई इस नदी को किसी प्रकार की हानि पहुँचायेगा तो उस पर माओरी समुदाय के किसी व्यक्ति को क्षति पहुँचाने वाली धाराओं के तहत कार्रवाई होगी। माओरी जनजाति के लोग, जो इस नदी को अपना पूर्वज मानते हैं, 1870 ई. से ही इसके लिए अभियान चलाये हुए थे।

कभी नहीं दिखा ऐसा उल्लास
दूर्वादलों से पुरायठ वृक्षों तक
कीरी से कुंजर तक
सभी प्रफुल्लित
तितलियों के पंख खुल गये
पक्षियों के शंख बज उठे
फूल फूलों से
पत्तियाँ पत्तियों से
मिल रहीं गले
वनस्पतियाँ लहरा रहीं बेटी की तरह
स्त्रियाँ बच्चे
युवा वृद्ध
सभी शामिल मण्डलाकार नृत्य में

चारों ओर कोलाहल
क्षमा करो, क्षमा करो
क्षमा करो, माँ
कभी नहीं कभी नहीं
कभी नहीं देंगे तुम्हें त्रास
सबकी आँखों से झर रहे अश्रु
पृथ्वी, पवन
अग्नि, गगन
चमक रहीं सबकी आँखें
देवता आकाश से बरसा रहे पुष्प।

पाप और मेघ

दादी के बचपन में
धरती को छू–छू कर बरसते थे मेघ
वह कूद–कूद पकड़ना चाहती उन्हें

एक दिन, दो दिन...
दस दिनों तक लगी रहती झड़ी
झींसी और फँकरा

कपड़े नहीं सूखते दादी के
अचार और अमावट में
लग जाती भुअरी

अब तो टुकड़ों–टुकड़ों में तैरते
भ्रमित करते पाखण्डी
अँजुरी भर छिछकारते चले जाते
बरसते नहीं, भटकते
बौड़म से इधर–उधर

कुँभला रहे गेंदे के, कुम्हड़े के फूल
तड़फड़ा रहीं
नेनुआ की, लौकी की लतरें
पसीने में उसिनाती, हाँफती
पिंजरे से बतियाती है दादी

उड़ जा मैना
पाप बहुत बढ़ गया धरती पर।

आज़ादी

बादलों से निकली बूँद की तरह
निर्मल और पारदर्शी था मैं
मगर निस्सहाय
जी नहीं सकता था अकेले

परिजनों ने भरा मुझे बाँहों में
यहीं से हुई बन्धन की शुरुआत

गुरु ने वर्णमालाओं में बाँधा
लोक ने मर्यादाओं में
संविधान ने नियमों में

अब मैं बहना चाहता सीमाओं को तोड़
मगर कैसे बह सकती नदी तट के बिना

मनुष्य हूँ तभी है मानवाधिकार
सामाजिक हूँ तभी है स्वतन्त्रता

शोर है चारों ओर
आज़ादी आज़ादी आज़ादी

किससे माँगूँ आज़ादी
कैसे मुक्त करूँ तोते को पिंजर से

हज़ारों गाँठें बँधी हैं भीतर
बाहर से कौन खोलेगा

उतना ही तो आज़ाद मैं
जितना आज़ाद रखता सहयात्री को

क्या भ्रमात्मक शब्द है आज़ादी
मानवीय शब्दकोश का?

कहना न कहना

किसी माँ से न कहना
सभी सम्बन्ध होते अर्थ के
किसी प्रेमी से न कहना
सभी राग होते व्यर्थ के
किसी निरक्षर से न कहना
दुनिया चलती विचार से
किसी दहशतगर्द से न कहना
दुनिया चलती प्यार से

फिर कैसे चलती दुनिया?

थोड़े अन्न, थोड़े जल से
थोड़ी हवा, थोड़ी धूप
थोड़े आचार, थोड़े व्यवहार से
थोड़े सच, थोड़े भरम
थोड़े अर्थ, थोड़े व्यर्थ से

अतियों से नहीं चलती दुनिया
कहना सिद्धान्तकार से
या चाहो तो अपनी सरकार से।

कहाँ जायँ

इंच भर जगह नहीं
कहाँ जायँ
कहाँ बैठें

कहाँ फैलायें पाँव
पंछी होते तो उड़ जाते पेड़ों पर
फट जाती धरती माँ
तो चले जाते पाताल

सड़क किनारे तान लिया प्लास्टिक
अतिक्रमण अतिक्रमण
डण्डे फटकारते सिपाही
बिलबिलाते बच्चे
सुबकती स्त्रियाँ

भागो–भागो
कहाँ भागें

प्रभु ने पटक दिया
नीचे परायी पृथ्वी
ऊपर मिथ्या आसमान
बारिश–बिजली
शीत–घाम

आँधी–तूफ़ान
स्वच्छता अभियान
हे दिक्पाल कहाँ ठौर
कहाँ जायँ।

निवेदन

ऐसी आँख देना प्रभु
जो झाँक सके
डरी हुई आँखों में

ऐसा मन
जिसमें न तोड़ने की इच्छा हो
कोई भी फूल

ऐसे श्रवण
जो सुन सकें
अन्धकार की आह

ऐसा धीरज
जो जी सके लपट में

ऐसा साहस
जो टकरा सके
मुकुट से

ऐसा विनय
जो लगा सके धूल को
चन्दन की तरह ललाट पर।

राजपथ पर हाथी

चल रहा था वह
अपनी सुरक्षा से बेपरवाह
सबको देखता हुआ भी न देखता

कौन–से भाव उसकी आँखों में
हिकारत, करुणा, बेबसी
शोक, पश्चात्ताप या मायूसी

तपती भागती सड़क राजधानी की
एक–दूसरे को ठेल आगे निकलती

किसकी अगवानी के लिये जा रहा वह
किसकी शोभा बढ़ाने
अपनी शोभा से बेख़बर

कौन बैठा अंकुश लिए उसके कन्धे पर
क्यों बँधा उसके पैरों में लोहे का पैकर

यह सब सोचता हुआ
डर रहा था मैं उसके दाँतों से
जो क़ीमती थे
इसलिए ख़तरनाक थे उसी के लिए
किसी युवती की जवानी की तरह

वह धरती का सबसे ताक़तवर प्राणी
नहीं था मांसभक्षी
यह अजीब लगा मुझे

इतना अजीब
कि चलने लगा उसके साथ–साथ

ऐसे तो मित्रों के साथ भी
नहीं चलता।

निराशा

जब हज़ारों वैज्ञानिक
टकटकी लगाये मंगल की ओर
राजनेता अर्थशास्त्री
पेश करते मोहक आँकड़े
दहक रहीं परमाणु भट्टियाँ
सेनाएँ सन्नद्ध, सीमाओं पर
तो कैसे घुस आते निराशावादी विचार?

चाहता मैं भी
कि रहे आशा साथ
खेत में पिता के, अस्पताल में माँ के
सड़क पर बहन के
पर पता नहीं कहाँ से चली आती निराशा
चिपकी सरकती मेरे सपनों में

रोज़ी रोटी में डूब रहे लोगो
आओ
शायद तुम्हारे पसीने की दुर्गन्ध से
भागे यह निराशा
बेख़बर बच्चो, गाओ
शायद तुम्हारी तुतलाहट से
दूर हो निराशा

पोथियों में फँसे ज्ञानियो
कूड़े में धँसे अज्ञानियो
बताओ
कैसे रोकूँ निराशा को
घुसने से अँतड़ियों में?

मिट्टी का आर्त्तनाद

बलिया से दिल्ली
और दिल्ली से न्यूयॉर्क
और न्यूयॉर्क से कहाँ
वे ख़ुद नहीं जानते थे

फिर भी उन्हें जल्दी थी जाने की
और अपने साथ
धरती को भी ले जाने की

सम्भव नहीं था
पृथ्वी को काँख में दबाकर ले जाना
उन्होंने उसे छिपाना शुरू किया
कंकड़ पत्थर सीमेंट बालू से

कितनी सूरतें थीं मिट्टी की कोख में
आम्र कुंज, कदली वन
सरसो–ट्यूलिप के रंग
गन्ने की मिठास
चन्दन–बासमती की गन्ध

उसके हरे पीले आँचल में
छिपते खेलते बड़े हुए थे हम
गड़े हुए थे हमारे पुरखे उसी में

निर्धन नहीं थे हम
हमारे रिश्ते–नाते तीज–त्योहार थे साथ
जन्म से श्मशान तक

निर्धन तो अब हुए
जब पशु–पक्षी, देवता
और किंवदन्तियाँ भी नहीं रहीं साथ

यहीं था वह नीम का पेड़
जिसके नीचे बैठते थे बाबा
और निहारते जिसे बेटे की तरह
और वहाँ बँधती थी धौरी गाय
जो बेटी थी माँ की
तीन बछड़ों को चूमती चाटती

रात सपने में देखा
बेच रहा मैं भुट्टे और कंकड़ियाँ
अपने ही द्वार पर
और रोने लगा नीम को देखकर
जिसे काट रहे थे सिपाही
और टाँगे के हर छेव पर
फूट रहा था जिसका आर्त्तनाद
बाबा बाबा बाबा

गुज़रना

समय के फेफड़े में जितनी भी हवा है
भागा जा रहा उसी गति से
हाँफता, दहाड़ता, फुफकारता

भागा जा रहा उसी के साथ विपुल ब्रह्माण्ड
वृक्ष, वनस्पतियाँ
नग और नदियाँ

कैसा आश्चर्यलोक
जहाँ सब धावमान
वह भी जो स्थावर
वह भी जो प्राणवान

रूप अरूप की ओर
नाम अनाम की ओर
शब्द सन्नाटे की ओर

पृथ्वी जल की ओर
जल ज्योति की ओर
ज्योति वायु की ओर
वायु आकाश की ओर

और आकाश
जाने किस ओर।

कूड़ा

पसीना पोंछता
फेंकता जाता कूड़ा
सँभाला जिसे प्रेमिका की तरह
कि हवा की खरोंच भी न लगे
हो गया कूड़ा

कुछ पुस्तकें ख़रीदीं
गलगोटिया कनाटप्लेस से
दीमक लग गये
फेंको
ढो कर लाया कुछ पत्थर हल्दीघाटी से
मास्को से कुछ काठ की मूर्तियाँ
याद नहीं क्या–क्या, कहाँ–कहाँ से

फेंको
'अनुपयोगी नहीं कुछ भी'
पढ़ा उपनिषद्–कथा में
'नश्वर है सब कुछ'
यह भी पढ़ा

झुँझलाता सोचता
मूल्यवान क्या है
क्या है कूड़ा?

क्या फेंक दूँ सब कुछ
जब बचा नहीं पाऊँगा कुछ भी?

जिस काया में गये बाबा
मानसर–कैलाश
फेंक नहीं दिया उसे?
महीने भर की रँगाई–धुलाई–सफ़ाई के बाद
अँधेरे में फुसफुसाया अन्दर का देवता
'अरे पण्डित, भीतर का कूड़ा
तो रह गया, ज्यों का त्यों।'

आना और जाना

इन्हीं दो क्रियाओं के बीच
उछलकूद करते हैं
सारी भाषाओं के
संज्ञा सर्वनाम विशेषण

आदि और अन्तिम शब्द हैं ये भाषा के

आने के बाद ही तो
फिसला मैं, सँभला
उठा
गिरा
बाँहों में
आहों में घिरा

जगा
सोया
हँसा
रोया

एक से दो हुआ
दो से चार
फिर उमड़ पड़ा
सुनामी का हाहाकार

तृप्त हुआ खाते हुए, गाते हुए
ढो–ढो कर घर में कुछ लाते हुए
राजा से, रानी से, सबसे कुछ पाते हुए

कितना पाया
करने बैठा हिसाब
यह काग़ज़ वह फ़ाइल
यह किताब वह किताब
नाम पर रूप
और रूप पर नाम
हो गयी शाम

अभी तो सबकुछ है पाना जो ठाना
उछलकर आ गयी
यह देखो
व्याकरण की अन्तिम क्रिया
जिसे कहते हैं
'जाना'।

सरहदें

घूम रही थी पृथ्वी
अपनी धुरी पर, अखण्ड
नीले सागरों
हरे जंगलों
बहुरूपी बहुरंगी जीवों के साथ
आकाश गंगाओं
नीहारिकाओं, नक्षत्रों की गोद में

उन्होंने उसके टुकड़े किये
और अपनी तलवारों से खींचीं जो लकीरें
वे सरहदें कहलायीं
जिनसे फूट रही रक्त की धार

यहीं उगते नफ़रत के झाड़
यहीं फुफकारते ज़हरीले नाग
इन्हीं की रक्षा में जलती चिताएँ
इन्हीं की सुरक्षा में बुझती मर्यादाएँ
यहीं खाली होता राजकोष
इन्हीं के सहारे साँस लेतीं सत्ताएँ

इन्हें लाँघने वाला होता दुश्मन
यहाँ मरने वाला कहलाता शहीद

कोई नहीं जानता कैसे खींची गयीं ये
कोई नहीं बताता क्यों खींची गयीं

तोड़ो इन्हें तोड़ो
ये ईश्वर को चुनौती हैं।

तिब्बत

सूरज की किरणें नहीं घुसतीं
न बाहर निकलती कोई ध्वनि
चौबीस घण्टों के टी.वी. फटाफट में
नहीं दिखता उसका चित्र

छत था
तहख़ाना है वह
लकड़ियाँ लादे
पहाड़ी पर, ढलान पर
चढ़ता, उतरता
प्यासा, हाँफता याक्

अज्ञात सैनिकों का गर्भ ढोती
स्मृति गँवा चुकी बंजारन

आत्मदाह करते युवा
भेड़ बकरियों के पीछे बच्चे
पताकाओं पर प्रार्थनाएँ लिखते वृक्ष

ल्हासा जेल के पार
कैलाश मानसर नहीं पहुँचतीं हवाएँ

बुद्ध बद्ध
अहिंसा निर्वासित

हरी पहाड़ियों बीच
नगीने–सी चमकती उपत्यका
तोग्देन* के हवाले

पीठ पर मासूम
गोल–गोल चमकती
आँखों में अथाह जिज्ञासा
दुनिया बहुत बड़ी है
उसी में एक देश है तिब्बत।

---

* तोग्देन–मन्त्र पढ़ते हुए शवों के टुकड़े करके अन्तिम संस्कार करने वाला।

पेड़ से बतियाती स्त्री

अवश्य ही आत्मीय और विश्वसनीय लगते होंगे पेड़
तभी उनसे बतिया रही वह स्त्री

क्या मनुष्यों ने नहीं सुनी उसकी बात
क्या पशु–पक्षियों ने भी नहीं सुनी?

मैं जो कुछ सुन रहा हूँ
कड़ियाँ टूटी हैं उस भाषा की
कुछ खण्डित बिम्ब हैं
कुछ ध्वनियाँ बिखरी
कुछ शब्द विच्छिन्न
बच्चों की तोतली वाणी–सी
जिनमें संज्ञाएँ हैं
सर्वनाम और विशेषण
मगर नहीं हैं क्रियाएँ

क्या पागल है वह स्त्री?
क्या नहीं समझ पाता मैं जिन्हें
वे सभी पागल हैं?

फिर उस पेड़ को क्या कहूँ
जो समझ रहा उसकी भाषा
और उस स्त्री को क्या कहूँ
जो मुझे छोड़

पेड़ से कर रही संवाद
और हमारे समय में
हो रहा यदि ऐसा चमत्कार
तो क्या कहूँ अपने समय को?

पत्र जिसे पाने वाला चला गया

(सुनील गंगोपाध्याय के निधन पर)

वह एक सफ़ेद लिफ़ाफ़ा था
जिस पर लिखा था सुनील गंगोपाध्याय

थोड़ी देर कर दी उसने
महज़ कुछ घण्टों पहले
उसे पाने वाला चला गया

क्या है इस पत्र में
महीनों से पड़ा है मेज़ पर
छूता हूँ, सरका देता हूँ
हिम्मत नहीं जुटा पाता खोलने की

पता नहीं
सिफ़ारिश है या शिकायत किसी की
प्रशंसा या निन्दा
कौन जाने नीरा का पत्र हो
जिसके लिए लिखता रहा वह
कविताएँ और कविताएँ और कविताएँ

पत्र यह सनातन पाठक
या नील लोहित या रे मोशाय
किसी अड्डेबाज़ दोस्त
किसी तरुण–तरुणी लेखक–लेखिका का भी हो सकता है

और क्या गिंसबर्ग या शक्ति का नहीं हो सकता
जो मस्ती में लड़खड़ाते हुए भी
चुनौती देता था सारे कलकत्ता को
जैसे स्वयं सुनील देता था कृतिवास युग में
सिगरेट फूँकते और फेफड़ों को छलनी करते हुए
पूरा हुआ अर्धेक जीवन
जिसमें उलझते–सुलझते
डूबते–उतराते रहे
और जो रिझाता–खिझाता रहा तुम्हें

विदा सेई समय!

अब तुम इस अरण्य दिन रात्रि से बाहर हो
बाहर हो प्रथम आलोक और अन्तिम सूर्यास्त से
दुनिया की सारी वर्णमालाओं से बाहर हो।

जो छूट गये

कुछ, छूट गये, जो विकलांग थे
नहीं थी जिनके रीढ़

कुछ, थे तो मतिमन्द
मगर चढ़ना चाहते थे गयन्द पर

कुछ, हड़बड़ी में थे जल्दी पाने की
बिना हाथ हिलाये भवसागर तिर जाने की

कुछ, बहुत विक्षुब्ध थे
अपने ही रूप पर मुग्ध थे

समय ने छोड़ दिया उन्हें
जो छूटने ही लायक थे

मगर हाय, हाय समय
कुछ ऐसे भी छूट गये
जो गँवार मगर उदार थे
ग़रीब मगर ईमानदार थे
मेधावी मगर मज़बूर थे
राजधानी से दूर थे।

खोलो बज्र किवाड़

डरावना जंगल
पीछा कर रहा दानव

बाघ, भालू, अजगर, गैंड़ा
सब दुबक रहे

मोटे, लम्बे पेड़ ख़ामोश
काँप रहे पंछी

मानुष गन्ध मानुष गन्ध चिल्लाता
आ रहा वह

खोलो खोलो खोलो
अपने बज्र किवाड़
खोलो।

कोशिश

आलू, गोभी टमाटर की तरह सजे थे ठेले पर
क्रिकेटर, नेता, अभिनेता, मीडिया संचालक
अफ़सर, कवि, विचारक भी थे कोने में दुबके
जिनका फैन था मैं

ख़रीदा उन्हें सम्मानपूर्वक
नहीं किया मोल भाव

मगर मेरी आँखों का भ्रम था
वह आलू, गोभी, टमाटर ही था दरअसल

और अब मुक्त होने की कोशिश कर रहा
लोगों से
जो भ्रम पैदा करते हैं।

छोटी जगह से

गाँव से आये हैं
कुछ लोग
खेतों के मेंड़ों से होकर आये हैं
लाये हैं बोरे में
कच्चे पपीते
हरे भुट्टे
सरसो और चने का साग

सिक्के–सी दमकती धूप ने
उनकी चमड़ी को कर दिया है काला
उनके पैरों में चिपकी है धूल
उनकी आँखों में गूँगा संशय
हाथों में खाद की दुर्गन्ध

छोटी जगह से आये वे
छोटी उनकी कांक्षाएँ
वे कुछ माँगने नहीं
बहुत दिनों से देखा नहीं था मुझे
देखने आये हैं

बड़े शहर का आदमी मैं
समय नहीं मेरे पास
चाहता वे जल्दी जायें।

अच्छे और बुरे दिन

मिट गया फ़र्क़
अच्छे और बुरे का

सूरज तपा उसी तरह प्रचण्ड
फूल कुम्हलाये उसी तरह

भिखारी अब भी थे टीसन पर
गाड़ी अठारह घण्टे लेट
बिजली अब भी गुल बीस घण्टों से

अख़बार भरे हत्याओं–बलात्कारों से
मरीज़ों से अस्पताल

निर्धन अब भी भयभीत
प्यासे अब भी चिरई चुरूंग

अच्छे दिन वे जो अच्छों के साथ रहें
बुरे वे जो साथ रहें बुरों के

सोचने की कोशिश

देवियो और सज्जनो

उनके पास कुछ शब्द हैं
जिन्हें रोज़ सबेरे वे उछाल देंगे हवा में
तुम ऑक्सीजन के लिए साँस खींचोगे
वे घुस जायेंगे तुम्हारे दिमाग़ में

चिल्लाओगे तुम 'झूठ' 'झूठ'
वे धीरे–धीरे तुम्हारी इन्द्रियों को कुतरने लगेंगे
तुम्हारी चिल्लाहट रिरिआहट में
फिर ख़ामोशी में बदल जायेगी

तुम्हारी पत्नी तुम्हें लायेगी डॉक्टर के पास
वह कहेगा, आदमी मरेगा नहीं

इसे सदमा लगा है
इसने सोचने की कोशिश की।

दुर्घटना

टक्कर थी वह
तेज़ गति से धीमी गति की

निस्पन्द हो गयी धीमी गति
बिखर गये पति–पत्नी–बालक

आँगन इन्तज़ार में था झाड़ू के
गमले इन्तज़ार में पानी के
बस्ता इन्तज़ार में
चढ़ने के लिए पीठ पर।

दानव लोक में

इतना दबाव
कि पानी भी हो जाता ऊर्ध्वमुख

चोटें इतनी
कि चिनगारियों में फूटतीं पत्थरों की आहें

स्थावर भागते
मशीनी जबड़ों से

दैत्याकार भवन
रोक लेते सूरज का रथ

छलनी–छलनी पृथ्वी
प्यासी नदी
पवन का चीत्कार
आतंक, हिंसा, स्मार्ट बाज़ार

कहना कठिन
कैसे कटा काल मेरे हिस्से का

कह गये तुलसीदास
'सुनहु पवनसुत रहनि हमारी
जस दसनन महु जीभ बिचारी।'

आभा

वह बरसात की रात थी
मैं गुज़र रहा था
किसी आदिम शहर की
एक अनजान गली से

कीचड़ सने थे मेरे पाँव
आगे अँधेरा था
रह–रह चमक जाती बिजली
जिसकी तड़क से सहम जाता

एक खँडहरनुमा मकान था
जिसकी दूसरी मंज़िल खिड़की से
रोशनी दमक रही थी
कोई स्त्री खड़ी थी शायद
वरना इतनी आभा कैसे होती रोशनी में?

अस्पताल में कविता

छः बजे पिलानी है
पिता को दो चम्मच दवा
घण्टे भर का वक़्त है लिखने के लिए
क्या लिखूँ?

लिखूँ
कि मेरे सामने बेड नं. बारह
जिसके मरीज़ के पैर से लटकायी गयी चार ईंटें
बेड़ियाँ नहीं पैरों में
मगर वह चल नहीं सकता

बोल नहीं सकता बेड नं. आठ
सुन नहीं सकता सात वाला

ज़माने का सबसे ताक़तवर पहलवान
बच्चे से माँग रहा चम्मच भर पानी

सिंह सेनापति
उड़ा नहीं पा रहा अपने चेहरे से मच्छर

जो बदल सकता इतिहास
नहीं बदल पाता अपनी काया की सीमा।

अद्भुत अपूर्व जीवन

सूना पथ है
इति का अथ है
जर्जर रथ है
कथा अकथ है
जनम अवधि हम रूप निहारेल[1]
जनम अवधि हम सूँघेल बास
तदपि न खंजन नयन जुड़ायेल
तदपि न मिटल अधर की प्यास

स्वाद–स्वाद बस स्वाद भरा है
सावन में सब हरा–हरा है
यह प्रकाश या अन्धकार है
नहीं जानता बन्द द्वार है

जिससे दमक रहा था आनन
जिससे गूँज रहा था कानन
जिससे कभी न तृप्त हुआ मन
अद्भुत है अपूर्व यह जीवन[2]

---

1. यह पंक्ति विद्यापति की।
2. यह पंक्ति विभूतिभूषण बन्द्योपाध्याय की।

संन्यासी का गंगा स्नान

छू रही गंगा
अस्सी घाट की सीढ़ी
और अस्सी से कुछ अधिक ही होगा संन्यासी

गोरी कृश काया
श्वेत मुकुट केशों का
कौपीन
जितने से ढक सके ढकनीय

बाँहें पीछे मोड़
ले जाता गर्दन तक
फिर–फिर भरता कमण्डल
गिराता जटा पर, पीठ पर
कौपीन के नीचे

मल–मल नहा रहा वह
कि छोड़ कर निर्मल काया
जाना धर्मराज के समक्ष

ठण्ड ऐसी
कि गीज़र भी कुँकियाता कुत्ते–सा
लबादों में ढके
सैलानी और सुन्दरियाँ

अभी–अभी लौटे हैं प्रधानमन्त्री जी
लाव लश्कर सहित
अस्सी घाट स्वच्छता अभियान से

बेख़बर सबसे और निरामय
नहा रहा वह आस्था में
जैसे पूजा कर रहा विश्वेश्वर की।

श्मशान

छोड़ जाते यहीं
जिसे ले आते कन्धों पर

नामवर या नगण्य
महात्मा या दुरात्मा
जैसा भी जो भी हो
बालक–वृद्ध, स्त्री–पुरुष
उसी में सब कुछ
कुफ़्र, ईमान
देवता, शैतान

आतीं सभी पगडण्डियाँ यहीं
आगे का रास्ता पता नहीं
कितना लम्बा–चौड़ा
कैसा सुगम–अगम
है भी या नहीं
किसी को पता नहीं

कोई नहीं जाता साथ
लोग कहते कर्म ही जाते साथ
तो क्या आदमी का कोई अभिन्न नहीं
सिवा उसके कर्मों के

स्वयं के आत्मबल से जीवित चला जाता

बालक नचिकेता
दूसरों के तपबल से जाने वाला
लटक जाता अधर में त्रिशंकु
कुछ ऐसे भी जिन्हें ले जाने
स्वयं अवतरित होते धर्मराज
यहाँ हवा में चिरायँध गन्ध
धूसर रंग वैराग्य का
लोग विराग में आते
लौट जाते गहरे राग में
मोबाइल पर धमकियाँ देते
और क्रिकेट स्कोर पर चहकते

कुछ रोते
कुछ मन–ही–मन ख़ुश होते

जिनके लिए प्रार्थनाएँ करते
कि फिर न लौटें धरा पर
आते वे ही बार–बार
उन्हीं से चलता संसार।

सच

परिभाषाएँ बदल गयी हैं
खण्ड–खण्ड प्रतिमान
निर्णय करना बेहद मुश्किल
मान और अपमान

थकीं हमारी मर्यादाएँ
किसको कहें असत्य
धर्मक्षेत्र की पुण्यभूमि में
हुआ पराजित सत्य

रुका–रुका–सा सूरज
छूछा कलश लिये गंगा
पूँजी के उमड़े प्रवाह में
इठलाता नंगा

पूरी हुईं सभी इच्छाएँ
क्या बच रहती है
तृष्णा तृष्णा तृष्णा तृष्णा
तृष्णा ही सच रहती है।

बच्चे का सपना

सपना देख रहा बच्चा

ठेले पर मटर की फलियाँ, भुट्टे
केले, अमरूद, फटे अनार

हाथ बढ़ाता वह
ठेला अदृश्य

दिखते पतंग आकाश में
रंग–बिरंगे गुब्बारे
सुन पड़ती बाँसुरी की धुन
आइसक्रीम की घण्टी

फिर दिखतीं जलेबियाँ कड़ाही में खदबदाती
जलने के डर से छिपा लेता हाथ

नींद टूट जाती बच्चे की
हो जाता उदास

जिनकी कोई उम्मीद नहीं
क्यों आते वे सपने में?

निष्क्रमण

आशंकाओं से डबडब माँ की आँखें
पिता मौन
बहन अवाक्
कोने में बिल्ली एकटक ताकती
पिंजरे में तोता ख़ामोश एक पाँव पर
जैसे मैं नहीं
निकल रहा तो घर से मेरा शव

दोनों ओर खेत लहराते
झूमते वृक्ष आम के
पार कर गया पुल
जिसके नीचे नदी
सीवान मेरे गाँव की

क्या हूँ अब
नहीं जानता
कौन हैं आस–पास
नहीं पहचानता

दुनिया बड़ी है जितनी
उतना ही छोटा हूँ मैं

प्रतीक्षा में बैठा गाड़ी की
एक डगमगाता बालक आता पास

उठा लेता उसे प्यार से
पीछे से माँ भी आती उसकी दौड़ती
सौंप देता बालक को

बड़ी भीड़ गाड़ी में
एक को सहारा दे चढ़ाता
दूसरे को खिसककर देता जगह
तीसरे से पूछता नाव गाँव
इस तरह शुरू करता परिचय
धक–धक चलती गाड़ी में

छूट रहे पीछे
लहराते खेत, बौराये बग़ीचे
गाँव, मकान
ज़मीन और आसमान

हे प्रभु, छूट रहा बहुत कुछ
मिलेगा कितना, नहीं जानता।

रात भर

लिपटा रज़ाई में
नींद नहीं आ रही

सिहर रहा बाहर छितवन का पेड़
ठिठुर रही खजूर की नग्न गाछ

छिपकलियाँ चिपटीं किताबों के पीछे
एक चूहे का बच्चा घुसा टी.वी. में

रात के बज गये दो
कुहरा घना

तृष्णाएँ एक–दूसरे को ठेल
घुस रहीं नारियल जैसे छोटे–से माथे में
भारी भीड़ अतृप्तियों आकांक्षाओं असफलताओं की

दीवारो!
यदि कोई पूछे रात का हाल
तो क्या कहोगी?

कि दो बजे उठा मैं
जलाया बल्ब
और निगल गया
नींद की गोली?

नहीं, कल जब कुहरा छँटे
और सूरज निकले चमाचम
तो कहना
कि गहरी नींद में सोता रहा
रात भर बेख़बर।

दुःख मुक्ति

रोने लगता पढ़ते–पढ़ते
टी.वी. कर देता बन्द

फड़फड़ाती चिड़िया
प्यासी गाय
ठिठुरती बुढ़िया
काँपता बच्चा

कड़ा करता मन
तो जाता दृश्य के पार
बन्द करता पलकें
तो भी पीछा करते दुःख

फैली हथेलियाँ
लटकते शव
जलती बेटियाँ
बिकते बेटे

अस्पताल भरे दुखों से
पटीं सड़कें
आदमी आदमी से उठ रहीं
दुःख की लपटें

दुखों की ऐसी दहाड़
कि दुबक जाता अपना दुःख

शास्ता, पूछ लें
राजगृह के पन्थियों से
वैशाली की कुल वधुओं
सारनाथ के मृगों
कुशीनारा के शालवनों से
पूछ लें

दुःख निरोध की युक्ति तो है
पर मुक्ति नहीं है दुःख से।

शाश्वत संघर्ष

कोई कहता सबसे पहले अन्धकार था
कोई कहता निराकार था

फिर कैसे साकार हो गया
आयी ज्योति कहाँ से
कोई नहीं बताता

कैसा था वह महानाद
जो अब तक गूँज रहा
कैसा वह विस्फोट
कि भीतर अब भी धधक रहा

ज़र्रे–ज़र्रे में जिजीविषा
कण–कण में बेताबी
देव–दनुज संग्राम
कभी सत् कभी असत् है हावी

तप्त अथाह अछोर खौलता
दुःख का पारावार
आत्मलिप्त अतृप्त
दमित इच्छाओं का संसार।

जिसे लिखना था बाद में

कविता, जिसे लिखना था बाद में
क्यों घुमड़ रही बेवक़्त

निराशा का विनम्र यह
या नश्वरता का यथार्थ?

धूल और कीचड़ से आया था
गन्दगी में लिपटा
भीतर कुछ जल था
वरना कौन धुलता मेरी गन्दगी?

लिखता रहा लिखता रहा लिखता रहा
पत्नी–बच्चे सो गये
उसी चारपाई पर लिखता रहा

अँधेरे में सोचता
क्या लिखना उजाले में
वंचित रहा दोनों के स्वाद से

चक्रव्यूह में बरस रहे विषबुझे तीर
प्रतिरक्षा में खुली रही
किताब और क़लम

क्या था उन किताबों में
समय बिताने के सिवा
क्या था?

भाव झरे
पतझर पात की तरह
टूटे सम्बन्ध

मरु में अकेले
जैसे अकेले में मरु
खोये बच्चे–सा ढूँढ़ता
कोई चेहरा पहचाना
जाना भी लगता अनजाना

छूट गये सब
एक एक एक

पूछता अपनी परछाईं से
कब तक रहोगी साथ?

पितृपक्ष में

फिर आ गया
जहाँ से चला था
लेकिन क्यों लगती यह जगह अजनबी–सी

पेड़ तो वही है पाकड़ का
वही है नीम के नीचे बिछी चारपाई

वही धौरी गाय
कुलाँचे भरता बछड़ा
पिंजर में फड़फड़ाता तोता
बस बाबा नहीं है चारपाई पर
नहीं दिखती माँ आँगन में

लेकिन कैसे सम्भव है
कि स्मृति हो जिसकी
वह न हो दिग्मण्डल में

होंगे पितर भी कहीं
किसी रूप या अरूप में
क्षिति, जल, गगन या समीर में

मैं एक हथेली हूँ
अर्पण के लिए जल लिए
जल में जीवन
जीवन में प्यास
प्यास में पितर
पितरों में मैं

अभी नहीं

लौट जाओ
डरावनी छायाओ

अभी पुकार रहीं मेरी बिल्लियाँ
मेरे पौधे प्यासे हैं

कुछ पन्ने फड़फड़ा रहे मेज़ पर
चीख़ सुनाई पड़ती क़लम की

जिन चूहों–छिपकलियों–मच्छरों को
आज़ाद रखा
जिन किताबों–फ़ाइलों को पलटा नहीं
उदास हैं वे
तकिये, चादर
धूल जमी मूर्तियाँ

अभी तो बौर भी नहीं लगे
आम्र कुंज में
जिसे अर्पित करना था तोतों को

दुनिया जो बनायी
दी हुई दुनिया के भीतर
उसमें रंग भरना है

तुम्हें क्या समझाऊँ
क्या–क्या करना है

लौट जाओ छायाओ
अभी नहीं।

स्वर्गोद्यान

कहाँ से चला था
पहुँच गया कहाँ

ऐसी कुर्सियों पर तो
बैठते देवदूत
ऐसे महलों में
निवास करते देवता

आँखें डबडबातीं
जैसे टपकता बरसात में
विद्यार्थी जीवन का कमरा

बेमन से बढ़ता आगे
द्वारपाल पीछे ढकेल देता
उन्हीं दीवारों बीच
जहाँ खिले रंग–बिरंगे फूल
और सजे छप्पन भोग

जल्दी–जल्दी सूँघता–साँघता
फिर पहुँचता द्वार पर
द्वारपाल कहता
क्या इतनी जल्दी देख चुके
स्वर्गोद्यान

उबकाई आती
बेचैन बिलखता अपनी विवशता पर

देखना था क्या–क्या
देखता रहा क्या–क्या
था तो कैसा
दिखता रहा कैसा–कैसा।

जीने की प्यास

चिता सजी थी
और पड़ी थी काया
जिसमें रहा मैं सौ साल

कुछ नहीं कर सकता था
सिवा उसे देखते रहने के

दोस्त और दुश्मन सब थे वहाँ
कुछ ऐसे भी, जिनसे चाहते हुए भी
माफ़ी माँगना भूल गया था

कुछ नहीं हो सकता था अब
जब समय था, सोया था
जगा हूँ, तो सो गया समय

हाय हाय समय
दिखता नहीं कहीं
जो चढ़ा रहता सिर पर पल–पल

मैं घुसना चाहता अपनी काया में
मगर छूते ही झटका लगता
जैसे विद्युत प्रवाहित हो उसमें

लम्पट कामी की तरह मँडराता रहा
उसके चारों ओर, जैसे जीवन भर

लपटों के दहकने और बुझ जाने के साथ
बुझ गयी मेरी जीने की प्यास।

प्रश्न

भाषा पर चल रही बहस
फिसल कर आ गिरी देश पर
फिर अहिंसा से होते हुए
आतंकवाद पर

ललकारा तानाशाह ने
रक्षा बजट दूना करो
तिगुना करो परमाणु विस्फोट

विजय परेड देखो
गाओ राष्ट्रगान
लोकतन्त्र का करो सम्मान

हवा हुहुआती
खिड़कियाँ तड़ाक भड़ाक
पानी–पानी
चिल्लाता बच्चा

सम्पादक जी!
आपके बच्चे सो गये रोते–रोते
पसीने से तर–बतर
रात डेढ़ बजे आप
किसके जन्मदिन की
लिख रहे बधाई

कौन थे वे
जो ओझल हुए, मिट गये, बुझ गये
कैसे शब्द हुए लहूलुहान
कितने बीते मन्वन्तर
कब हुई सुबह
कैसे जन्म दिया
देवकी ने कृष्ण को?

जाओ

काया में धड़कती कामनाओ
जाओ

अश्वत्थ की पत्तियो
नर्तन करता जो तुममें अनवरत
क्या है

ज्ञात में जो ढूँढ़ता रहता अज्ञात
मथता रहता जो बेचैनियों में
क्या है

आम्र मंजरियो
क्या अभी भी बची है तुममें
कहीं अम्बपाली

बह रहा जो जल में
बहा रहा जो जल को
क्या है

मुक्त करता तुम्हें
पिंजर से, प्रेम से
मोह से, भ्रम से
जाओ

रास्ता दो मेघ
ले चलो डैनों पर
धावमान समय

अतृप्तियो और छलनाओ
जाओ।

हाजी चंगा और पटोरी*

भीषणतम अकाल था वह कच्छ का
क्षितिज तक कुछ भी नहीं दिखता था हरा

पटोरी की रक्षा के लिए
जिस क्षण बेचने का निर्णय लिया उसे
अकाल भी काँप उठा चंगा की विवशता पर
नम हो गयीं यमराज की आँखें

दलालों के साथ जब विदा हुई पटोरी
हाजी चंगा भी चल पड़ा उसके साथ
थोड़ी–थोड़ी दूर पर भेंट लेता पटोरी को
चूमता सिसकता आँखें पोंछता
रह रह कर सिर पीटता पछताता
अपने कुकृत्य पर

उसे लगता जैसे हवा के झोंके
थूक रहे उसके मुँह पर

जब बहुत दूर चला आया हाजी चंगा
दलालों ने समझाया उसे हाथ जोड़
कि मोह ममता छोड़ जाय वह वापस

---

* हाजी चंगा कच्छ (गुजरात) का एक किसान था। उसकी प्रिय भैंस का नाम था 'पटोरी', जिसे दुर्दिन में वह बेचने के लिए विवश हुआ।

लौटने के पहले
चंगा ने चाँदी की वह माला निकाली
जिसे पटोरी को पहनाया था पहली बार
दलालों से बोला, दे देना इसे नये मालिक को
पटोरी के बिना यह साँप सी डसेगी मुझे
फिर कहा, इसमें पीर का दिया ताबीज़ भी है
जिसे पटोरी की दुआ के लिए माँगा था
फिर बोला, पटोरी के दूध में अमृत है
और अन्त में मालिक से यह भी कहना
यदि कोई ग़लती करे पटोरी
तो कुछ न कहना उसे
उसका दण्ड मुझे देना

पटोरी मुड़–मुड़ कर देखती पीछे
जैसे सीता देखती रहीं
अरण्य में उन्हें अकेले छोड़
लौटते लक्ष्मण के रथ की पताका

जब अदृश्य हुई चंगा की आकृति
पटोरी की आँखें बरस पड़ीं
अरण्य में अकेली सीता की तरह।

वह स्त्री

उठती मुँह अँधेरे
जब सूरज भी अलसाया होता
किसी द्वार की कुण्डी खटखटाती
चमका देती घर
दीवारों के जगने के पहले

मुहल्ले भर की मैल बुहारने
चूल्हे में धुँवठने उसिनाने
खेत में मौसम की मार झेलने के बाद
घर में पिटने का भी समय होता उसका तय।

अन्त

झपकी आ गयी सेना प्रमुख को

तानाशाह ने दिया आदेश
तोप से उड़ा दिया जाय उसे

काँपने लगे तोपची के पाँव
गोला दागने के पहले

खड़ा किया तानाशाह ने उसे
सेना प्रमुख के बगल में

दूसरा तोपची आया
पसीने छूटने लगे उसे

खड़ा किया गया उसे भी
सेना प्रमुख के बगल में

तीसरा तोपची हो गया बेहोश
चौथे के हाथ हुए सुन्न
फिर पाँचवाँ तो इतना हुआ कर्त्तव्यविमूढ़

कि गोला दाग दिया उसने
तानाशाह के सीने पर।

न्याय–अन्याय

धर्मसंकट में थी जूरी
होने और दिखने के सवाल पर

सदियों पुरानी बात है
जब न्याय का बना सिद्धान्त
कि होना ही नहीं
दिखना भी चाहिए न्याय

मगर सिद्धान्त मौन था
कि क्या होगा
यदि हो न्याय और दिखे अन्याय
या हो अन्याय और दिखे न्याय

जूरी के वरिष्ठ सदस्य ने
होने और दिखने में
पक्ष लिया दिखने का

तर्क था
कि होने में दिखता नहीं कुछ भी
जबकि दिखने में दिखता है
जूरी का भी चेहरा

तो इस प्रकार
दिखने के लिए न्याय
जूरी ने किया अन्याय।

अथातः अन्न जिज्ञासा*

अचरज में थे यमदूत

जिस क्षण पहुँचे वे
दो मृतात्माएँ थीं प्रतीक्षा में
जिन्होंने नहीं किया तनिक रुकने का अनुरोध
न जाने में विरोध
न साथ चलने में प्रतिरोध

जैसे वे ख़ुशी–ख़ुशी
छोड़ देना चाहती थीं मृत्युलोक

आश्चर्य
कि घटनास्थल पर परम शान्ति थी
न कोई मानुष, न पशु–पाखी
न हलचल, न रुदन

जैसे यह कोई हादसा नहीं
सहज व्यापार हो

यमदूतों को नहीं देना पड़ा कोई त्रास
न करना पड़ा संघर्ष

---

* भूख से हुई दो मौतों पर।

उन्होंने उठा लिया आत्माओं को
जैसे माँए उठा लेतीं
अपने अबोध शिशुओं को
कभी नहीं दिखा था उन्हें ऐसा दृश्य
पूछा उन्होंने धर्मराज से इसका रहस्य
बोले धर्मराज
"तुम राजदूत हो
यमपुरी में निवास करते हो
रिक्त नहीं होता कभी तुम्हारा भाण्डार
इसीलिए समझ नहीं पाये तुम रहस्य
मृत्युलोक में अनन्त रोग हैं
जिनमें सबसे भयानक है भूख
यह मेरे पाश से भी कराल है
तुम्हारे त्रास से भी दारुण
जिस पर गिरती है, शान्त हो जाता
फिर कैसे करेगा वह
अनुरोध, विरोध, प्रतिरोध?"

तब दूतों ने पूछा
"महाराज, इस महारोग की औषधि क्या है?"
गम्भीर स्वर में बोले धर्मराज
"ब्रह्म की प्रथम माया का नाम है अन्न
अन्न से ही होती सृष्टि
अन्न से ही बनती दृष्टि
अन्न ही जीव का आधार
अन्न नहीं था उन दोनों के उदर में"

फिर जिज्ञासा की दूतों ने
"महाराज, अन्न क्या है?"

गूढ़ मुस्कान में बोले धर्मराज
"व्यर्थ है तुम्हें समझाना
जिसके उदर में ठुँसा होता अन्न
वह नहीं समझ पाता अन्न क्या है।"

1909 का गाँव

छोटा सा गाँव
जहाँ सड़क नहीं पहुँची
न रेल न बिजली

जब पहुँचा मैं
मेरे कन्धे का झोला
उठा लिया एक बूढ़े ने

एक किशोर ने हाथ पकड़
पार करा दी नदी

साँप दिखा रास्ते में
मैंने मारना चाहा
रोक दिया छोटी–सी बच्ची ने
कहते हुए
कि चला जायेगा वह अपनी राह

छोटी जगह का
बड़ा था लैंडस्केप
बड़ा–सा इन्द्रधनुष
आँखों की क्षमता से बड़ा आसमान

रात को बड़े–बड़े तारे
प्रातः बड़ा–सा सूरज का गोला

अभाव में भाव भरे चेहरे
तनावहीन बड़ी–बड़ी आँखें

पत्थरों की, पेड़ों की, पशु–पक्षियों की
साँपों तक की पूजा करते थे वे
वृक्षों के नीचे देवता
घर के भीतर देवता
गाँव के बाहर देवता
इतने देवता
कि मनुष्य भी लगते वहाँ देवता
गाँव में आया था
यूरप के डॉक्टरों का दल
एक ऑपरेशन में चिल्ला उठे डॉक्टर
ओ गॉड, बित्ता भर बच्चे में
इतना बड़ा दिल!

1909 का वर्ष था वह
पानी के जहाज़ पर
गाँधी जी लिख रहे थे 'हिन्द स्वराज'
और चुनौती दे रहे थे यूरप को
इसी गाँव से।

जंगल में भाषा

लिखना चाहता
मगर इतना अकिंचन हो जाता
कि नहीं सूझता कुछ भी
काग़ज़ चीख़ता
क़लम हो जाती गूँगी

क्या लिखूँ
कितना और कब तक

क्या हुआ लिखने से
मैं जिधर चाहता था
दुनिया मुड़ गयी उसके विपरीत

परिवर्तन परिवर्तन
नहीं हुआ परिवर्तन
पत्नी–बच्चे भाई–बन्धु
इष्ट–मित्र भी नहीं बदले
अचरज
कि स्वयं भी नहीं बदला

धुआँ–धुआँ
कुछ न हुआ
निचाट अँधेरा
निपट अकेला

भय को भगाने के लिए
शुरू करता ज़ोर–ज़ोर गाना
पेड़ों पर हँसते भूत–प्रेत
आतीं भयानक आवाज़ें
हवा करती हू–हू
चिड़ियाँ चीखतीं
ताली बजाते वृक्ष
निराशा घेरती
क्या करूँ मैं

पार तो करना यह जंगल
और भाषा के अलावे
कोई हथियार नहीं
मेरे पास।

समर्पण

किसी से शिकायत नहीं
सिवा ख़ुद से
कि अपने में जिया

कुछ था ही नहीं मेरा
पृथ्वी ने, पवन ने, किरणों ने
सब ने कुछ न कुछ दिया

जिसने भरा
उसी ने खाली किया

नहीं आना इस ग्रह पर
किया, सो किया

न हुआ जो
प्रभु को सौंप दिया

कहाँ चले गये शब्द
जो मेरे शस्त्र थे, रक्षक

झर गया अहंकार
जो भार था, तक्षक

आभार महाप्रकृति
कि भाषाहीन भारहीन
हूँ
और होने के दम्भ से मुक्त।

□□